Inhalt

Nachhaltige Lieferketten - umwelt- und sozialbewusste Wertschöpfung zahlt sich für Unternehmen aus

Kernthesen

Beitrag

Fallbeispiele

Weiterführende Literatur

Impressum

Nachhaltige Lieferketten - umwelt- und sozialbewusste Wertschöpfung zahlt sich für Unternehmen aus

I.Zeilhofer-Ficker

Kernthesen

- Aktuelle Studien beweisen, dass nachhaltiges Wirtschaften finanzielle Vorteile bringt.
- Immer mehr Konzerne verfolgen mittlerweile Nachhaltigkeit als Unternehmensziel und erwarten auch von ihren Lieferanten messbare

Nachhaltigkeits-Anstrengungen.
- Skandinavische Unternehmen sind europaweit führend in der Umsetzung von Nachhaltigkeitsstrategien.

Beitrag

Studien zeigen: Nachhaltigkeit wird zum Profitbringer

Noch vor wenigen Jahren wurde Umweltschutz in Europa von den meisten Unternehmen einzig als Belastung und Kostenfaktor angesehen. Gesetze zwangen sie dazu, Abgasfilter in Produktionsanlagen einzubauen, Abwässer zu klären und für CO_2-Emissionen Zertifikate zu kaufen. Nun jedoch stehen Energieeffizienz und Ressourcensparen im Vordergrund. Wie die aktuelle Studie von BearingPoint zeigt, hat bereits bei der Mehrheit der befragten 600 europäischen Unternehmensvertreter ein Umdenken eingesetzt. Schon 70 Prozent sehen nachhaltiges Handeln als Faktor für messbare Gewinne an. Eine Amortisation von Investitionen in Nachhaltigkeitsprojekte erreichen fast die Hälfte der Befragten schon innerhalb von drei Jahren. Vor allem in Beschaffung, Produktion und Logistik wirken sich "grüne" Aktionen positiv auf das Unternehmensergebnis aus. Ökologische Wertschöpfungsketten werden heutzutage vor allem aus wirtschaftlichen Gründen angestrebt. (1), (2), (3)

Auch die Untersuchung "Supply Chain Report 2011" des Carbon Disclosure Projects (CDP) zusammen mit A.T. Kearney zeigt, dass 87 Prozent aller Konzerne CO_2-Reduktionsvorgaben in ihren Unternehmenszielen verankert haben. Rund zwei Drittel aller Unternehmen haben ökologische Maßnahmen im Laufe der letzten drei Jahre angestoßen; mehr als die Hälfte überwachen die Anstrengungen über entsprechende Kennzahlen (KPI). Allerdings haben erst 40 Prozent ihren CO_2-Fußabdruck ermittelt, der als Schlüsselkennzahl zur Verbesserung der Nachhaltigkeit eines Betriebs angesehen wird. (1), (2)

Große Unterschiede sind allerdings erkennbar, vergleicht man die regionalen Ergebnisse miteinander. Unternehmen in skandinavischen Ländern haben sich in punkto Nachhaltigkeit an die Spitze gesetzt. 77 Prozent von ihnen haben Nachhaltigkeits-KPIs fest verankert, mehr als die Hälfte haben Öko-Design-Projekte am Laufen, 80 Prozent aller skandinavischen Unternehmen haben ökologische Aspekte in den Einkauf integriert. Beim nachhaltigen Einkaufen liegen deutsche Firmen aber bereits gleich auf. Wesentlich weniger weit sind dagegen französische, britische und irische Unternehmen. (1)

Gemeinsam ist den Unternehmen, die auf Nachhaltigkeit setzen, aber eines: Ihre wirtschaftliche Lage ist besser als vor den Maßnahmen. Ein geringerer Energie-, Wasser- und Rohstoffverbrauch zeichnet sich umgehend in geringeren Kosten ab, und die dafür notwendigen Investitionen sind überschaubar. Vor allem für Industriebetriebe ist ein niedrigerer Energieverbrauch doppelt vorteilhaft - neben niedrigeren Energiekosten müssen auch weniger Emissionszertifikate erworben werden, weil auch weniger CO_2 ausgestoßen wird.

Nachhaltigkeit in der Lieferkette - eine komplexe Aufgabe

Die meisten Lieferketten sind heutzutage international aufgebaut. Arbeitsintensive Produkte werden häufig in Schwellen- und Entwicklungsländern eingekauft, in denen Umweltschutz und soziale Absicherung erst in den Kinderschuhen stecken. Welch großer Image-Schaden entstehen kann, wenn sich namhafte Konzerne auf Lieferanten verlassen, die die Umwelt verschmutzen oder durch Ausbeutung der Arbeitskräfte in die Schlagzeilen kommen, zeigen aktuelle Beispiele wie die Apple/Foxconn-Affaire. Deshalb ist die Einbindung von Lieferanten und Sub-Lieferanten in die Nachhaltigkeitsanstrengungen nicht nur aus finanziellen Gründen, sondern auch zum Schutz der eigenen Reputation unverzichtbar. Und doch ist die Schaffung von nachhaltigen Lieferketten eine komplizierte Angelegenheit, die nur schrittweise verwirklicht werden kann. (3)

Eine durchgehend realisierte nachhaltige Lieferkette reduziert Kosten und Risiken und schafft Wettbewerbsvorteile. Denn mehr und mehr Kunden verlangen nach Produkten, die nachhaltig produziert wurden. Bei den Konsumgütern boomt die Nachfrage nach Bio-Produkten und Textilien, die ohne Schadstoffe hergestellt wurden. Und welches Unternehmen kann es sich heute noch leisten, als Umweltverschmutzer gebrandmarkt zu werden, weil sein Produktionsprozess riesige Mengen CO_2 freisetzt? Obwohl Nachhaltigkeitskriterien in viele Unternehmensziele aufgenommen sind, bezieht erst ein Drittel aller Unternehmen ihre Lieferanten in die Anstrengungen mit ein. Und nur 17 Prozent wählen ihre Lieferanten nach Umweltschutzkriterien aus. Aber die Tendenz steigt, und so sind in immer mehr Lieferkontrakten Kriterien enthalten, die den Lieferanten zu Umweltschutz, Ressourcensparen und sozialverträglichen Arbeitsbedingungen verpflichten. (2), (4), (5)

Wie können nachhaltige Wertschöpfungsketten erreicht werden?

Soll eine durchgehend nachhaltige Wertschöpfungskette erzielt werden, muss die Nachhaltigkeit in das Zentrum der gesamten Geschäftstätigkeit gestellt werden. Das oberste Management muss voll und ganz hinter dem Nachhaltigkeitsgedanken stehen und als treibende Kraft wirken. Nachhaltigkeit muss sich auf die drei Bereiche Umwelt, Mensch und Finanzen erstrecken. Die Umwelt muss geschützt und erhalten werden (Klimawandel, Ressourcenverbrauch), der Mensch muss unterstützt werden (Mitarbeiter, Kunden, Gesellschaft), und das Unternehmen muss langfristig profitabel arbeiten. Nur wenn alle drei Komponenten in Einklang gebracht werden, wenn die gesamte unternehmerische Tätigkeit integriert unter dem Aspekt der Nachhaltigkeit betrachtet wird, kann eine nachhaltige Wertschöpfung erreicht werden. (6)

Wichtig ist die Erkenntnis, dass Nachhaltigkeit langfristig keine Kosten verursacht, sondern spart. Denn der wichtigste Schritt zur Nachhaltigkeit ist das Einsparen von Ressourcen. Energieeffiziente Maschinen einzusetzen, spart Stromkosten und entlastet die Umwelt durch weniger CO_2-Ausstoß.

Eliminiert man Verschwendung, werden kostbare Rohstoffe erhalten. Stellt man sicher, dass Lieferanten ihre Arbeitnehmer unter fairen Bedingungen beschäftigen, minimiert man das Risiko, von den Medien an den Pranger gestellt zu werden und dadurch Kunden zu verlieren. Man sollte deshalb erst einmal sicherstellen, dass alle Produktions-, Liefer- und Logistikprozesse transparent ablaufen. Denn nur so können Schwachstellen erkannt und beseitigt werden. (6)

Helfen können die herkömmlichen Supply-Chain-Management-Modelle wie Supply Chain Operations Reference (SCOR) oder Sustainable Supply Chain Management (SSCM). Legt man dann den Fokus zuerst auf kritische Prozesse und Schwachstellen, können schnell Verbesserungen erreicht werden. Auch von den Lieferanten sollten messbare Verbesserungen verlangt werden, um einen kontinuierlichen Verbesserungsprozess hin zu integrierter Nachhaltigkeit in Gang zu setzen. In kritischen Ländern wird man um regelmäßige Lieferanten-Audits nicht herumkommen. Integrierte Nachhaltigkeit kann nur erreicht werden, wenn der gesamte Lebenszyklus eines Produkts betrachtet wird. Schon im Designprozess sollte auf das Ressourcensparen geachtet, nachhaltig arbeitende Lieferanten bevorzugt und auch die umweltschonende Wiederverwendung der Rohstoffe am Ende des Produktlebens ermöglicht werden. (7), (8), (9)

Sehr gut ergänzen sich die Strategien zur Nachhaltigkeit mit den "Lean"-Grundsätzen". Als "Lean Sustainability" bezeichnet man die Nutzung der Lean-Werkzeuge zur Erreichung von Nachhaltigkeitszielen wie Reduzierung von Emissionen, von Materialverbrauch oder Energieeinsatz. (10)

Trends

Der Trend hin zu mehr Nachhaltigkeit ist in allen Branchen erkennbar. Autobauer forschen in Richtung Elektro-Mobilität, Energieversorger investieren in erneuerbare Energien. Aber erst 17 Prozent der europäischen Konzerne berücksichtigen CO2-Kriterien bei der Wahl ihrer Lieferanten - in fünf Jahren sollten es mindestens 30 Prozent sein. Bis dahin werden die meisten Unternehmen auch dazu bereit sein, Lieferanten auszusortieren, die den Nachhaltigkeitsansprüchen nicht gerecht werden. (2)

Einige Unternehmen versuchen, ihren Einkauf nur noch bei Lieferanten in ihrer Region zu tätigen. In einer integrierten Betrachtungsweise, die die Umweltbelastungen durch Transporte miteinbezieht, ist das manchmal durchaus sinnvoll. Zumindest erwartet man von den Logistikern aber umweltschonende Transporte mit möglichst geringem CO_2-Ausstoß. Die Ermittlung des CO_2-Fußabdrucks wird künftig der Indikator sein, der auf die ökologisch und ökonomisch beste Lösung hinweist. Entsprechende Standards für Energieverbrauch und Treibhausgasemissionen für Transportdienstleistungen wurden vor kurzem veröffentlicht. Ebenfalls ist ein Gesetz in Vorbereitung, das diese Berechnungsverfahren in Deutschland verbindlich vorschreiben soll. (9), (14)

Fallbeispiele

Im Mai 2011 wurde das Grünbuch der Logistik im Bohmann-Verlag herausgegeben. Die branchenübergreifende Betrachtung ganzer Logistikketten steht im Mittelpunkt der Publikation. Konkrete Hinweise, wie nachhaltige Logistik gestaltet werden kann, werden an Beispielen gegeben. (11)

Der Unilever-Konzern hat sich zum Ziel gesetzt, seine Lieferketten nachhaltig zu gestalten. Dies ist eine Herkulesaufgabe – werden doch 170 Milliarden Unilever-Produkte in 180 Ländern vertrieben. Da nicht alle 150 000 Zulieferer und 250 Fabriken gleichzeitig umgestellt werden können, hat man erst einmal Prioritäten gesetzt. Die zehn wichtigsten Rohstoffe wurden identifiziert, dafür

Nachhaltigkeitsziele festgelegt. Palmöl ist einer dieser Rohstoffe, wovon pro Jahr 1,4 Millionen Tonnen gebraucht werden. Bis 2015 will man erreichen, dass ausschließlich nachhaltig produziertes Palmöl eingekauft wird. Außerdem möchte Unilever bis zum Jahr 2020 seine CO2-Emissionen aus Herstellung und Logistik um 40 Prozent senken. (12)

Die amerikanische Umweltschutzbehörde EPA hat die SAP AG im März 2012 mit dem Climate Leadership Award 2012 ausgezeichnet. SAP hat dabei geholfen, mindestens 5,7 Millionen Tonnen an CO2-Emissionen einzusparen. Das Unternehmen hat 47 Prozent seines Stromverbrauchs mit Strom aus erneuerbaren Quellen gedeckt und seit 2008 durch verschiedene Nachhaltigkeitsaktionen 190 Millionen Euro gespart. Zudem hilft die SAP-Software, im Kundeneinsatz nachhaltige Lieferketten aufzubauen und Nachhaltigkeitskriterien zu messen. (13)

Weiterführende Literatur

(1) Umdenken in der europäischen Wirtschaft - Nachhaltigkeit wird zum ökonomischen Erfolgsfaktor aus Vermögen und Steuern 05 vom 02.05.2011 Seite 007

(2) Konzerne drängen zu mehr Öko-Effizienz aus DVZ, Nr. BVWI vom 12.04.2011

(3) Green Supply Chain Evolution Grüne Logistik als Erfolgsfaktor für Unternehmen
aus Industrie Management, Nr. 6, 2011, 43-46

(4) Green Profits
aus Global Finance 01.10.2011, Vol. 25, Issue 9, p. 129

(5) Europäische Konzerne erhöhen den Druck auf ihre Zulieferer
aus Handelsblatt Nr. 067 vom 05.04.2011 Seite 40

(6) Sustainability is free—the case for doing the right thing. VALUE
aus Supply Chain Management Review, United States (SUPCHMAR), 15 (2011) 6 page

(7) Ohnmacht oder Handlungsfähigkeit?
aus CHEManager 15/2011

(8) Nachhaltige Wertschöpfungskette
aus Creditreform Nr. 12 vom 05.12.2011 Seite 010

(9) Changing times for sourcing and procurement: Kevin Vaughan explains why the conventional global supply chain is being radically rethought. sourcing and procurement
aus Supply Chain Europe (0SJB), 20 (2011) 4 page 22

(10) Effizienz von unterschiedlichen Vorgehensweisen Nachhaltige Strategien – Strategien für die Nachhaltigkeit
aus BA Beschaffung aktuell, Heft 2, 2012, S. 19

(11) Der Umwelt zuliebe
aus "Cash" Nr. 05/11 vom 30.05.2011 Seite: 94

(12) Unilever
aus "Cash" Nr. 05/11 vom 30.05.2011 Seite: 94

(13) SAP Wins 2012 EPA Climate Leadership Award
aus "Cash" Nr. 05/11 vom 30.05.2011 Seite: 94

(14) CO_2-Berechnungsnorm ist fertig
aus DVZ, Nr. 40 vom 03.04.2012

Impressum

Nachhaltige Lieferketten - umwelt- und sozialbewusste Wertschöpfung zahlt sich für Unternehmen aus

Bibliografische Information der deutschen Nationalbibliothek

Die Deutsche Nationalbibliothek verzeichnet diese Publikation in der deutschen Nationalbibliografie; detaillierte bibliografische Daten sind im Internet über http://dnb.d-nb.de abrufbar.

ISBN: 978-3-7379-1531-1

© 2015 GBI-Genios Deutsche Wirtschaftsdatenbank GmbH, Freischützstraße 96, 81927 München, www.genios.de

Alle Rechte vorbehalten. Dieses Werk ist einschließlich aller seiner Teile – z.B. Texte, Tabellen und Grafiken - urheberrechtlich geschützt. Jede Verwertung außerhalb der Grenzen des Urheberrechtsgesetzes bedarf der vorherigen Zustimmung des Verlags. Dies gilt insbesondere auch für auszugsweise Nachdrucke, fotomechanische Vervielfältigungen (Fotokopie/Mikroskopie), Übersetzungen, Auswertungen durch Datenbanken oder ähnliche Einrichtungen und die Einspeicherung und Verarbeitung in elektronischen Systemen.